La Cuisine de la préhistoire

Pascale Binant a écrit un livre pour les adultes, *La Préhistoire de la mort* (1990). Elle travaille actuellement à la mise en place d'un musée sur la taille du silex conçu en partie pour les enfants avec, notamment, de nombreuses animations à leur attention.

Pascale Binant

La Cuisine de la préhistoire

Dessins de Michèle Ballinger

SEUIL

Dis-moi ce que tu manges,
quand et comment tu manges.
Je te dirai qui tu es
et d'où tu viens.

À table !

Petit déjeuner, déjeuner, goûter, dîner, souper…

Autant de mots qui, pour nous, désignent les différents repas de la journée, leurs différents moments aussi, matin, midi et soir. Parfois, ils indiquent l'âge des participants. Ce sont les enfants qui goûtent. Gourmandise avec laquelle renouent souvent les personnes âgées. Ainsi, chaque jour, manger rythme notre vie. Et notre rythme change au fil de notre vie. Au fil du temps.

On ne mange pas la même chose le matin que le soir. Il y a des moments pour le salé, d'autres pour le sucré. Des repas légers, d'autres plus copieux. Les repas de tous les jours et les repas de fête. Les jours de jeûne aussi.

Manger est une réponse à un besoin biologique : pour vivre, tout être doit se nourrir. L'homme, depuis qu'il est homme, mange. Mais d'une culture à l'autre, d'une époque à l'autre :

– les rythmes changent, on ne mange pas aux mêmes moments ;

– les manières changent, on ne mange pas de la même façon ;

– les plats changent, on ne mange pas les mêmes choses.

L'alimentation est une composante sociale et culturelle qui a ses traditions.

Et l'homme est un animal social dès les origines. C'est une de ses caractéristiques.

Les bonnes manières

Les vestiges mis au jour sur les sites préhistoriques nous renvoient essentiellement aux composantes matérielles de la vie quotidienne des populations de la préhistoire : outils, habitat. Ils nous permettent d'aborder des domaines aussi différents que ceux de la technologie et de l'organisation spatiale. Mais pour tenter de recomposer ce que consommaient les populations préhistoriques, les traces sont souvent ténues et les indices indirects.

Pour l'essentiel, les manières de table de la préhistoire restent inconnues. Si l'on peut parler ainsi car la table n'existait pas. Les fourchettes non plus qui furent inventées il y a quelques siècles seulement. En revanche, les bords tranchants des silex faisaient d'efficaces couteaux. Et on connaît des objets en os et en ivoire dans les sites de l'ex-Tchécoslovaquie, à Brno par exemple, qui ressemblent étrangement à ce qu'aujourd'hui nous appelons cuillères. Cependant, rares sont les ustensiles culinaires mis au jour. Réalisés en écorce, en fibre végétale, en corne ou en os, la plupart des objets du quotidien ont disparu. Il en fallait bien pourtant pour contenir les aliments solides et liquides, faire cuire, consommer, conserver, transporter.

Sur le sol des anciens lieux d'habitat, la répartition des vestiges permet parfois de distinguer une organisation de l'espace domestique et une répartition des activités en différents endroits. Ici, on a dépecé, tranché, coupé ; là, on a taillé le silex ; plus loin, on a mangé. Parfois aussi toutes les activités sont mélangées, réunies en un seul amas de vestiges ou réparties en plusieurs îlots nettement séparés. Reflet probable d'une organisation sociale différente.

Mais leurs occupants ont-ils mangé ensemble ? Ou sont-ils venus tour à tour consommer le morceau qui leur revenait ? Femmes et hommes ensemble ou séparément ? Et les enfants ? Ont-ils mangé de la viande le midi et des bouillies le matin et le soir ? Des fruits dans l'après-midi ?

Questions sans réponse, la plupart du temps. Car l'alimentation se compose en majorité d'éléments périssables qui se dégradent souvent jusqu'à disparaître totalement ou dont la conservation nécessite des conditions particulières, exceptionnelles. Ce sont les végétaux : racines, bois, feuilles, tiges, fruits, fleurs, graines ; mais aussi les matières animales : os, cartilage, bois de renne ou de cerf, corne et ivoire. Plus on remonte dans le temps, moins ils se sont conservés.

Imagine

De bon matin, un petit groupe a quitté le campement en quête de cette herbe odoriférante qui, traditionnellement, parfume agréablement la plupart des plats de leurs repas. Dans leurs petits sacs tressés pendus à la ceinture, tous ont emporté une petite boule de pâte de glands et un morceau de viande séchée, aromatisée, enveloppés dans des feuilles pour ne pas sécher. L'eau est transportée dans des outres en peau.

En fin de matinée, le groupe s'arrête pour se reposer et manger un peu. Quelques bouchées de pain et de viande. Quelques gorgées d'eau. De quoi se rafraîchir et reprendre des forces. Chacun a pris juste de quoi pour deux jours. Inutile de s'encombrer.

L'herbe pousse, là-bas, derrière les collines. Ils seront de retour chez eux demain. L'herbe qu'ils rapporteront sera séchée. Ils ne reviendront pas en chercher avant deux ou trois mois.

Que pourrions-nous retrouver aujourd'hui de cette pause gastronomique ? Rien.

Disparus le pain, la viande et les feuilles d'emballage ; disparues les gourdes ; disparue l'herbe aromatique.

Pire. Aussitôt avalés, aussitôt envolés. Pas un déchet ! Sauf peut-être à y regarder d'un peu plus près... Si, coup de chance, nous retrouvions des coprolithes : des excréments fossilisés.

Ceux de hyènes et d'ours des cavernes sont assez fréquents dans les grottes qui leur servaient de tanières. Mais ceux d'origine humaine sont rares. Ces déjections sont pourtant très instructives.

En France, on en connaît dans le site de Terra Amata à Nice. Leur analyse révéla une grande quantité de pollens de plantes comestibles. Comme l'éphédra, arbrisseau à petits fruits rouges, ou le crithmum maritime, de la famille du céleri et de la carotte, qui ne figurent plus dans notre alimentation courante.

Et quelques pépins de raisin sauvage ! On y reconnaît aussi des arbres – aulnes, frênes, chênes, pins, sapins –, de la bruyère et du genêt en grande quantité. L'homme d'hier, pas plus que celui d'aujourd'hui, n'a consommé ces végétaux peu digestes, sauf peut-être par le biais du miel d'abeilles sauvages. C'est que le pollen est très volatil et s'éparpille partout alentour. C'est pour en avoir ingurgité, il y a 400 000 ans, sans le savoir, que nous en trouvons la trace aujourd'hui encore dans ces déchets.

Le menu

Si nous sommes là aujourd'hui, en pleine forme, c'est que depuis les origines l'homme a su satisfaire les besoins vitaux de son organisme. Partout et toujours, les hommes réussirent à s'approvisionner quel que soit le milieu, du pôle le plus froid aux déserts les plus chauds. Partout et toujours, ils réussirent à s'accommoder des particularités de la nourriture locale.

L'homme mange des végétaux et des animaux : des fruits et des légumes de toutes sortes, la viande rouge du gibier ou la chair blanche des volailles et des poissons. Les propriétés nutritives de chacun de ces aliments – protides, lipides, glucides et vitamines – sont nécessaires à son équilibre physique et psychique.

L'homme est omnivore, c'est une autre de ses caractéristiques.

Il y a 2,5 millions d'années, dans la savane arborée d'Afrique de l'Est, l'*Homo habilis* mangeait déjà une nourriture variée. L'*Homo erectus,* vers 1,5 million d'années, accentua sans doute cette diversité, adaptant son alimentation aux richesses locales des nouveaux territoires qu'il découvre au fil de ses pérégrinations. Traversant le Proche-Orient, il gagne l'Asie et l'Europe, essaimant de petits groupes tout au long de son voyage. Avec les *Homo sapiens – neandertalensis* et *sapiens* –, de 150 000 ans à nos jours cette diversification ne cessera plus.

Les dents et les os fossiles en gardent encore des traces.

Mais rappelle-toi, l'os est une matière périssable. Rares sont les squelettes qui nous livrent les secrets de leur anatomie. Seuls quelques fragments ont résisté, des centaines, des milliers, voire des millions d'années.

À pleines dents

À quoi reconnaît-on une dentition d'omnivore ? Prends un miroir, regarde tes dents. Certaines sont petites, pointues, d'autres trapues, mais aucune ne semble vraiment plus importante qu'une autre. Sur le devant, les incisives et les canines servent à couper, à trancher, à déchiqueter ; à l'arrière, prémolaires et molaires servent à moudre, à broyer. L'ensemble est complémentaire. Les premières sont mieux adaptées aux aliments carnés, les secondes aux végétaux. Ainsi doté, l'homme peut s'attaquer à toute sorte de nourriture, fondante comme souvent les fruits, élastique comme la plupart des viandes, ou fibreuse comme la majorité des plantes. Chacune laisse sur l'émail des traces différentes.

Les noix, c'est évident, sont plus dures que les pommes cuites. En conséquence, elles laissent des traces plus marquées sur l'émail de tes dents, surtout si tu casses la coquille

avec ! Les fortes puissances de grossissement des microscopes actuels permettent de bien distinguer ces traces. L'émail apparaît alors strié, poli ou ébréché. Les stries correspondent notamment à l'utilisation des dents comme « décapsuleur », pour ôter la cosse de certains fruits, ou comme racloir pour ronger la viande jusqu'à l'os. Les polis sont caractéristiques des plantes riches en silice que les molaires doivent broyer pendant longtemps. Enfin, de minuscules esquilles peuvent être produites par des éclats d'os, des coquilles ou de petits cailloux – comme ceux trouvés dans les lentilles –, qui provoquent même parfois de plus grosses et plus douloureuses cassures.

Y'a un os !

L'os est un tissu vivant qui se nourrit d'éléments présents dans les aliments que nous consommons : collagène, carbone, azote… Il en garde la trace, à l'échelle atomique, dans les isotopes de sa composition chimique. Pour étudier les restes de cette composition dans les anciens ossements humains, les archéologues font appel aux biochimistes, spécialistes qui étudient les substances qui forment les cellules. L'analyse chimique des ossements préhistoriques révèle ainsi les proportions des principales composantes du régime alimentaire de leur ancien propriétaire : viande rouge avec poisson, légumes et/ou dessert.

C'est un entrelacs d'informations complexe à démêler par de savants calculs, car les aliments sont porteurs de caractères propres à leur histoire nutritionnelle. Ainsi, en mangeant du lapin, nous mangeons de la viande et pourtant, le lapin étant herbivore, nous ingurgitons aussi une quantité importante d'isotopes spécifiques aux plantes, présents dans la chair du lapin. Imaginez alors un lapin farci aux châtaignes, subtilement relevé de thym et de laurier, comme dans notre formule « surprise », l'imbroglio n'en sera que plus complexe !

Les os peuvent aussi nous informer sur les maladies véhiculées par des aliments. Ainsi le célèbre homme de Cro-Magnon pourrait avoir succombé à l'une d'elles : l'actinomycose. Provoquée par une bactérie parasite des graminées, l'homme peut l'attraper en mâchant la tige de plantes contaminées. Les séquelles observées sur les os de ce vieillard de 20 000 ans témoignent d'une grave infection. Nous ne sommes cependant pas en mesure de préciser s'il fut victime du plaisir simple, que nous pratiquons encore, de sucer des brins d'herbe ou s'il fut intoxiqué par un plat traditionnel, cuisiné avec amour et quelques plantes empoisonnées…

Lapin-surprise

(Recette mongole
traditionnellement réalisée avec une chèvre)

Lapin, châtaignes, thym, laurier, petits galets

À part
Allumer un feu.
Sur les braises faire chauffer les petits galets.

Attraper un lapin.
Lui couper la tête.
Le vider par l'orifice ainsi obtenu.
Mettre la peau de côté.
Désosser.
Couper menu viande et viscères.
Mélanger avec le thym, le laurier et les châtaignes préalablement bouillies.
Remplir la peau en alternant galets brûlants et farce.
Fermer le col par une couture.
Laisser cuire 30 à 45 minutes selon la taille du lapin.

Inciser la peau du ventre.
Retirer les galets.
Servir directement sur la peau.
Accompagner d'une salade de pissenlits.

Possibilité de faire cuire la tête, une fois dépiautée, sur les braises.

Que choisir ?

Avec quelles viandes, quels légumes, quels poissons, quels fruits, les hommes de la préhistoire composaient-ils les plats de leurs repas ? Comment savoir ? Quels vestiges nous en reste-t-il ?

Les restes végétaux sont souvent microscopiques. Nous pouvons cependant en reconnaître un très grand nombre grâce aux pollens, aux spores, aux graines et aux charbons de bois fossiles, conservés dans la terre.

Les restes d'animaux, quand ils sont conservés, sont généralement plus gros et donc plus facilement repérables. Ce sont des os, des dents, des arêtes, des cornes ou des bois.

Ainsi, de nombreux témoins peuvent servir à reconstituer les paysages du passé : les paléo-environnements. Et, comme à chaque faune sa flore et à chaque flore sa faune, connaître les uns, c'est un peu connaître les autres. Ces informations nous sont donc fort utiles pour envisager les richesses naturelles à partir desquelles les hommes de la préhistoire pouvaient composer leurs menus.

Des spores à la loupe

Les pollens, ces petits sacs chargés de la semence mâle de la plupart des plantes, sont extrêmement résistants. On en retrouve un peu partout dans le sol. Produits en très grand nombre, ils vont, aidés par le vent et les insectes, à la rencontre de l'organe femelle. Beaucoup s'égarent qui nous chatouillent parfois le nez, sans jamais rencontrer l'âme sœur. Si les sédiments qui, petit à petit, les recouvrent ne sont pas assez acides pour les détruire ; si les glaces, le vent et la pluie conjugués ne les emportent pas sur leur passage ; ils peuvent perdurer ainsi, enfouis, pendant des millénaires. Dans l'ensemble, les plantes dont ils proviennent ne sont guère différentes de celles que nous connaissons encore aujourd'hui.

Parmi les arbres, on reconnaît des chênes, des pins, des tilleuls, des peupliers, des saules, des érables et beaucoup d'autres encore ; et, parmi ceux qui portent des fruits comestibles, de nombreux noyers et noisetiers. Sous les arbres, dans les forêts ou en bordure, on trouve des fougères, des ronces et des arbrisseaux comme les groseilliers ou la bourdaine. Enfin, à découvert, de nombreuses herbes avec de la bruyère, des orties (déjà !), des fleurs, comme des camélias, des géraniums, de l'armoise – plante dont on fit l'absinthe, dont on fait le génépi et dont les feuilles de certaines espèces fournissent l'estragon –, des légumineuses parmi lesquelles des lentilles sauvages et des graminées souvent difficiles à déterminer.

Le chêne et le sanglier

Il est des animaux de la préhistoire célèbres. Espèces disparues ou qui n'existent plus sous

nos latitudes mais qui font voguer notre imagination. Tu en connais sûrement.

C'est le mammouth, cousin des éléphants. Le *Mammuthus primigenius* est le plus connu ; portant une longue fourrure, ses défenses spiralées pouvaient atteindre 3 mètres de long. Il vécut en Europe, jusqu'au fin fond de la péninsule Ibérique, entre 300 000 et 10 000 ans avant notre ère. Ce sont aussi les bisons. Imposants bovins dont on connaissait encore quelques spécimens en Europe de l'Est à la fin du XIXe siècle. Il en existe toujours en Amérique du Nord. Emblème mythique des populations indiennes, cette espèce est désormais protégée. C'est encore le lion aux dents de sabre, félin au longues incisives ; le rhinocéros qui, après avoir perdu son épaisse toison, a gagné des contrées plus ensoleillées ; les loups, toujours interdits de séjour sur notre territoire ; les rennes, désormais installés dans le Grand Nord, dans les frimas qui leur conviennent. Et bien d'autres encore tout aussi exotiques, que tu connais peut-être aussi, comme l'antilope saïga, l'aurochs, l'ours, le glouton, le castor, le mouflon, l'hippopotame, le porc-épic... Plus communément, le cerf, le lièvre, le cheval, le hérisson, le sanglier… Des oiseaux : pigeons, canards, perdrix, chouettes… Des poissons : truites, saumons, anguilles… Des coquillages d'eau douce et d'eau salée, des grenouilles, des reptiles, des insectes…

Tout ce qu'il faut pour faire un monde.

Déserts froids

Sur les ronces poussent des mûres, petites baies noires au goût sucré. Insectes et oiseaux en sont friands. Les loirs sont gourmands de noisettes. Les sangliers aiment les glands. Les cervidés – rennes, cerfs, chevreuils – apprécient les écorces et la mousse. Tout cela nous est très familier.

Cependant, d'importantes variations climatiques eurent lieu au cours des quelques 2,5 millions d'années que couvre l'histoire de l'humanité. La répartition des niches écologiques s'en trouva parfois considérablement modifiée.

Ainsi, 20 000 ans avant notre ère, à l'époque dite solutréenne, l'Europe occidentale connut de très grands froids. Une steppe, proche de celle d'Europe orientale actuellement, recouvrait en grande partie le territoire aujourd'hui occupé par la France. Des bois de bouleaux parsemaient ces vastes étendues désertiques.

Et l'antilope saïga était alors un des gibiers le plus fréquent, notamment dans le Sud-Ouest.

À l'inverse, la plupart des déserts actuels ont connu des périodes fertiles, parfois même luxuriantes. En Syrie, sur le site d'Um El Tlel dans le bassin d'El Kowm, l'étude des différents sédiments attribués au Paléolithique moyen et datés de 50 000 ans a révélé une succession de marécages et de lacs là où les Bédouins d'aujourd'hui doivent creuser sur des dizaines de mètres pour trouver l'eau. Et là, grâce aux tourbes qui ont recouvert les restes des installations humaines de la préhistoire, de nombreux restes végétaux ont été conservés dont une graine, fait exceptionnel pour des périodes aussi anciennes.

Mouclade
(Charente, France)

Moules, pierre plate, épines de pin.

Pêcher des moules.
Les disposer debout, côte à côte sur la pierre de façon qu'elles se tiennent toutes ensemble.
Recouvrir d'une épaisse couche d'épines.
Mettre le feu aux épines.
Laisser brûler.
Quand le feu s'éteint, les moules doivent être ouvertes, elles sont bonnes à manger.
Sinon recommencer.

Faire son marché

La nature offrait abondance et diversité. Au Paléolithique, elle était la seule ressource pour tous les hommes qui vivaient alors de chasse, de pêche, de cueillette et peut-être aussi d'un peu de jardinage.

Cueillir est chose facile. Rien de bien compliqué à ramasser des champignons ou des noix et à couper quelques brindilles de thym. À maturité, les tubercules s'arrachent sans force. Et les baies, à portée de main, se cueillent aisément malgré quelques épineux qu'il faut savoir prélever avec doigté. Mais, sauf à les manger sur place, il faut bien des récipients, filets ou paniers, pour les transporter.

Chasser et pêcher s'annoncent plus difficiles. Les animaux, contrairement aux plantes, n'attendent pas qu'on vienne les cueillir. Ils se déplacent, parfois très vite, et peuvent être dotés de redoutables moyens de défense. L'homme est un animal chasseur mais ce serait un bien piètre prédateur s'il n'était cette originalité que lui seul a développée à ce point : la fabrication d'outils. Chasser à mains nues peut être un grand danger que la présence d'une simple lame dans une main peut aider à surmonter.

L'homme, en effet, fabrique des outils depuis les origines. C'est une autre de ses caractéristiques.

Chasser

Que nous reste-t-il des outils utilisés par les hommes de la préhistoire pour attraper leur gibier ?

Un éclat de silex fiché dans un os de loup à Dolni Vestonice (ex-Tchécoslovaquie), le crâne défoncé d'un âne sauvage à Lunel Viel (France), un pieu encore fiché dans un éléphanteau à Lehringen (Allemagne), une pointe en os plantée dans une omoplate de bison à Korolevo (Ukraine), des omoplates comprenant encore des fragments de silex à Meïendorf et à Ahrensburg (Allemagne), sont les preuves les plus directes des pratiques de chasse de la préhistoire. Ce sont aussi les plus rares.

Nous connaissons également des restes d'outils, isolés, entiers ou cassés. Des propulseurs en os notamment, parfois joliment sculptés, comme celui au bison du site de La Madeleine dans le sud-ouest de la France. La plupart sont datés du Paléolithique supérieur. Il n'est pourtant pas impossible qu'ils aient existé au Paléolithique moyen et ancien.

Sur le site de Lehringen, en Allemagne, la lance en bois retrouvée fichée dans un petit mammouth a été datée de 120 000 ans !

Cette découverte exceptionnelle, preuve de la fabrication d'outils en bois et de leur efficacité, montre comment les hommes, il y a longtemps déjà, ont su se donner les moyens techniques pour subvenir à leurs besoins. Les traces d'utilisation observées sur les bords de nombreux outils en silex révèlent en effet que le bois est un matériau souvent travaillé aux époques anciennes, sans doute dès les origines, vers 2 millions d'années.

Le plus souvent, cependant, lances, flèches, arcs, propulseurs, frondes, gourdins, façonnés dans des matières périssables comme le bois, l'os ou l'ivoire, ont disparu.

Imaginez, par exemple, un lance-pierre. Manche en bois ou en os, fronde en cuir fixée

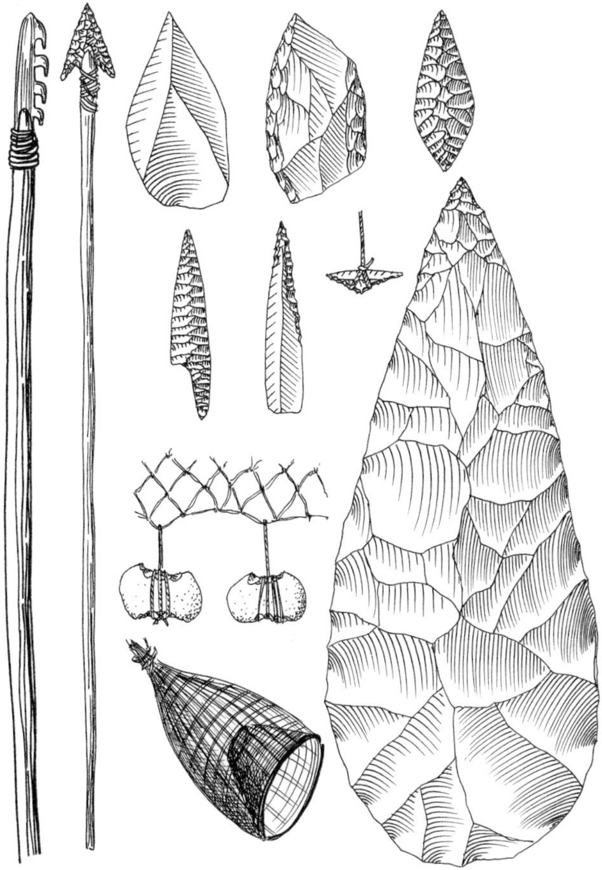

sur des liens en fibres végétales. Qu'en resterait-il 2 millions d'années, 200 000 ou 20 000 ans après ? On retrouve bien, parfois, des petites pierres calibrées qui suggèrent son utilisation. C'est tout. C'est notamment le cas dans le niveau archéologique daté de 34 000 ans avant notre ère du site d'Um El Tlel en Syrie. Mais comment le démontrer ?

Si des pièges ont été utilisés, jamais nous ne retrouverons un collet. Fait d'un lien, en matière végétale ou animale, posé à l'extérieur du lieu d'habitation, c'est une information perdue. Si des fosses ont été creusées, si des filets ont été tendus, ce qui est tout à fait vraisemblable, il est peu probable que nous en retrouvions la moindre trace.

Pointes en silex et hampes en bois

Ce que nous retrouvons en plus grand nombre, ce sont, bien sûr, des pièces en silex. La partie active des flèches et des sagaies – celle qui va transpercer la proie – disparaîtra si elle est réalisée en os, en ivoire ou en bois. En silex, elle se conservera. Parmi tous les silex taillés par l'homme qui jonchent le sol, des milliers parfois, comment reconnaître les outils de chasse ?

Les hampes en bois ont disparu. L'arc fait de bois pour le fût, de crin ou de boyau pour la corde a disparu. Le propulseur, en bois ou en os, a disparu. Comment reconnaître un outil décomposé, quand il n'en reste qu'un seul morceau ?

La forme ne suffit pas. De nombreuses pièces peuvent avoir servi de pointes de projectiles qui n'ont pas forcément l'allure de pointes de flèches : triangulaires avec un pédoncule. Pour se faire une idée plus précise, il fallut expérimenter.

Confectionnant des répliques au plus près de la réalité archéologique, les chercheurs les testèrent avec différents modes de lancer. Beaucoup se cassèrent. Ils constatèrent des fractures distinctes selon que le projectile avait été tiré à l'arc, au propulseur ou à la main ; s'il s'était planté dans un arbre, dans un caillou ou dans un os d'animal. Comparées aux fractures des pièces retrouvées dans les sites archéologiques, il fut alors démontré que certaines pointes appartenaient bien à des armes de chasse et notamment à des flèches tirées à l'arc.

Ainsi, ces expérimentations, inspirées par le matériel en silex retrouvé sur le site de Combe Saunière en Dordogne, daté de 18 000 ans avant notre ère, ont permis de reculer l'apparition de l'arc de plusieurs milliers d'années. Et peut-être plus encore, si on considère les pointes de flèches connues en Europe de l'Est aux alentours de 26 000 ans !

À cette occasion, il fut également montré que, pour une meilleure efficacité, la pointe devait être solidement fixée avec des colles naturelles – résine, gélatine d'os de poisson, cire. Des liens seuls, tendons ou tresses végétales ne suffisent pas. Des restes de bitume observés sur des silex taillés datés de 40 000 ans, provenant du site d'Um El Tlel en Syrie, témoignent de la connaissance de ce principe il y a longtemps déjà.

La pêche et la collecte

Pêcher et collecter laissent encore moins d'indices. Cartilagineuses, les arêtes sont plus fragiles que les ossements. Les restes de plantes sont éphémères. Et les outils spécifiques à chacune de ces activités ne durent guère.

Hameçons, foënes, filets, nasses, peuvent tous être fabriqués avec des matériaux périssables – bois, végétaux, os, ivoire… Les plus anciens hameçons connus, en forme de double pointe, datent de l'époque aurignacienne, entre 28 000 et 33 000 ans avant notre ère. Mais des os de poissons, des vertèbres surtout sont retrouvés régulièrement parmi les vestiges de la préhistoire. Il y a 8 millions d'années déjà, l'australopithèque, notre lointain cousin africain, semble avoir apprécié le poisson. Des vertèbres ont été trouvées associées à ses ossements sur l'un des sites de la vallée d'Olduvai. Comment avait-il pêché ces poissons ?

À mains nues ? En empoisonnant la rivière avec des herbes ? Avec des nasses de jonc tressé ? Bien d'autres moyens sont imaginables qui ne laissent aucun vestige à long terme.

La cueillette, attestée par certaines concentrations de pollens, des graines, voire des pépins, nécessitait, elle aussi, des instruments qui n'ont laissé aucune trace. On ne part pas aux champignons, pas plus qu'on ne ramasse des escargots, sans emporter un sac (en peau ?), un panier (en brindilles ?) ou un quelconque récipient (en écorce ?).

Dans la grotte de Lascaux, en Dordogne, un morceau de corde végétale, longue de 30 centimètres et composée de trois brins torsadés, est un des premiers et très rares témoins connus concernant le travail des fibres végétales au Paléolithique. Cette découverte ne se rapporte pas directement à la pratique de la cueillette. Mais c'est un précieux indicateur concernant une pratique technique dont les productions ne se conservent généralement pas longtemps. Ainsi, la vannerie pourrait avoir été couramment pratiquée depuis 2 millions d'années qu'il n'en resterait plus rien aujourd'hui !

Instruits des pratiques de populations actuelles d'Amazonie ou d'Océanie, nous pouvons même envisager un peu de jardinage. Sur des terres choisies en périphérie de l'habitat avec, pour tout outillage, un bâton à fouir en bois, pour replanter des tubercules, des fruits ou des légumineuses présents dans la nature à l'état sauvage ; une telle activité ne laisse aucun vestige particulier.

De la même manière, le commensalisme, relation privilégiée entre les hommes et un animal, peut avoir existé sans que rien n'ait perduré des licous en cuir ou en liane et d'éventuels enclos en bois. Cela pourrait avoir été le cas avec le renne, entre 15 000 et 10 000 ans avant notre ère, à cette époque du Paléolithique supérieur justement appelée « âge du renne » à cause des très nombreux ossements de cet animal retrouvés dans les sites de cette époque.

Poissons en feuilles, au four
(Inspiré d'une recette polynésienne)

Saumons, feuilles de châtaignier, armoise.

Le four
Creuser une fosse de 20 centimètres de profondeur.
Remplir de bois et de brindilles.
Dessus, déposer des galets.
Allumer le feu.
Quand bois et brindilles sont consumés, les galets doivent tapisser le fond de la fosse.

Pêcher les poissons.
Les écailler.
Les vider.
Déposer quelques feuilles d'armoise à l'intérieur.
Les envelopper de feuilles de châtaignier.
Déposer les saumons empaquetés dans les feuilles sur les galets chauffés.

Recouvrir de feuilles.
Laisser cuire 20 minutes.
Retirer les feuilles.
Les poissons sont prêts.

Garde-manger

Partis pour chasser le renne, les hommes ont emporté leurs armes et leurs outils personnels, leurs couteaux et leurs lances. Ils fabriqueront sur place les outils nécessaires aux premiers traitements des quartiers de viande. Là où ils vont le silex est abondant.

La chasse a été bonne. Plusieurs rennes ont été tués. Pour les ramener au campement principal, il va falloir les dépecer.

Munis d'une lame au fil tranchant comme un rasoir, hommes et femmes commencent à ôter la peau. C'est un travail délicat. Il ne faut pas l'abîmer. La peau est une matière première précieuse. Elle sert pour faire des couvertures, des sacs, des vêtements, des tentes. Les bois des ramures vont être sciés, découpés puis stockés. Ils serviront notamment pour la fabrication des percuteurs tendres, outils en bois ou en os pour tailler le silex.

Guidés avec assurance, les silex coupent, incisent, perforent suivant des techniques ancestrales.

Les animaux sont vidés de leurs viscères dont beaucoup sont gardés. Cœur, foie et reins sont des morceaux de choix. Les intestins, si on ne les mange pas, font d'excellents liens. Et l'estomac, bien préparé, peut servir d'outre. Affûté, le tranchant fin des lames continue de couper muscles et tendons. Pour désarticuler, il faut des outils plus lourds au bord plus épais, comme des hachereaux, et des outils très fins, pointus comme des scalpels. On coupe les têtes, dont la cervelle est très prisée. Côtes et cuissots s'entassent. Seules les extrémités des pattes et les colonnes vertébrales, peu charnues, sont abandonnées, rejetées alentour. Il y en a assez pour nourrir tout le groupe pendant plusieurs mois et faire quelques réserves pour l'hiver.

Le gisement magdalénien de Verberie (13 000 ans avant nos jours), dans le Bassin parisien, nous a inspiré ce scénario.

En Espagne, la fouille des gisements d'Ambrona et de Torralba, datés de la fin du Paléolithique inférieur aux environs de 400 000 ans avant nos jours, a également fourni les restes d'une chasse assidue, mais au mammouth cette fois-ci. Plusieurs niveaux archéologiques ont livré les vestiges osseux de dizaines de mammouths dont les os portent encore les traces de décarnisation.

Les activités de boucherie sont les premiers gros travaux de préparation de la viande. Couper la viande en morceaux, faire des quartiers, c'est déjà travailler à rendre les animaux consommables. L'homme ne mange ni la peau ni les plumes du gibier, il lui faut donc nécessairement dépiauter et plumer ses proies. Il lui faut également réduire le gibier de grande taille à des dimensions plus abordables pour pouvoir le porter à sa bouche, mais aussi le transporter et le stocker.

Un travail de fourmi

Lieux de chasse et de boucherie, Verberie, Ambrona et Torralba ne sont pas des restaurants. Bien sûr les chasseurs se sont nourris pendant leur séjour. Mais, pour l'essentiel, le produit de leur chasse était destiné à garnir les garde-manger de toute la communauté.

À Verberie, les restes osseux de plusieurs petits rongeurs, des spermophiles, encore chassés aujourd'hui par les populations du Grand Nord, témoignent d'un autre apport de viande. Il est possible aussi que les chasseurs aient emporté des provisions, de la viande séchée par exemple, pour se nourrir sur le chemin et en prévision d'une mauvaise chasse ou d'un retard du troupeau. Il est même possible qu'ils n'aient pas consommé de renne avant le partage entre tous et l'attribution à chacun des morceaux qui lui reviennent en fonction de sa position dans la société. Souvent le partage se fait une fois rentrés au camp de base. Les chasseurs doivent attendre.

Garder sa chasse pour la distribuer selon les règles, au moment voulu, c'est déjà faire des réserves. S'agissant de chasses rythmées par la transhumance des troupeaux, conserver s'imposait pour avoir à manger toute l'année. Ces pratiques, malheureusement, laissent peu de traces.

Aux époques très froides que connut le Paléolithique à plusieurs reprises, un des plus simples moyens de conservation était la congélation ! À certaines époques, en effet, comme en Sibérie encore aujourd'hui, le froid fut tel que le sous-sol restait gelé toute l'année : c'est le permafrost, véritable réfrigérateur naturel. Ainsi, à Kostienki, un des grands sites du Paléolithique supérieur de la plaine centrale de Russie, des fosses remplies d'ossements de mammouths pourraient bien avoir servi de chambres froides pour stocker la nourriture. D'autres fosses, dans d'autres sites de Russie et d'ailleurs, pourraient avoir eu la même fonction. De nombreuses fosses, souvent vides, sont connues un peu partout.

Autre moyen de conservation : le séchage. Exposés à une source de chaleur, les aliments perdent leur eau, deviennent plus durs, moins volumineux, mais gardent leur goût et toutes leurs propriétés nutritives. Cette pratique a notamment été suggérée à Ambrona et Torralba, pour réduire l'énorme masse de viande que représentait la quantité de mammouths tués, afin de pouvoir la transporter et la stocker plus aisément.

Pour que les aliments ne s'altèrent pas avant longtemps, ils doivent être séchés « à cœur », c'est-à-dire partout, sur toute leur épaisseur, à l'extérieur et à l'intérieur. Pour ce faire, il faut découper des lamelles fines que l'on retourne régulièrement. Une fois séchées, rassemblées et compactées, quelques tonnes de viande de mammouth peuvent être réduites à quelques centaines de kilos, voire quelques dizaines.

Pour en agrémenter le goût et parfois aider à la conservation, la viande peut être déposée sur du bois ou des feuilles odoriférantes, saupoudrée et frottée d'herbes, de baies ou de fruits, pilée et mélangée avec de la graisse, voire trempée dans des décoctions qui la parfumeront.

Tous ces modes de conservation valent aussi bien pour la viande, le poisson que les légumes, les fruits ou les graines qui, ainsi, se garderont plus longtemps, préservant saveur et valeur nutritive. Petits paquets enveloppés dans des feuilles imperméables qui préservent de l'humidité et rangés dans des fosses garde-manger, voilà une nourriture d'appoint qui sera appréciée les jours de longue marche et de mauvaise chasse.

Cuissot de mammouth rôti aux fruits rouges

(Paléolithique d'Ukraine)

Un cuissot de mammouth sans sa peau (si vous n'avez pas de mammouth prenez de l'éléphant), des framboises et des groseilles, de l'estragon, un peu de miel sauvage, des œufs de pigeon.

Marinade
Dans de l'eau tiède faire macérer l'estragon, le miel, les framboises et les groseilles.
Pour attendrir la viande, laisser tremper le cuissot dans cette marinade pendant deux jours.
Réserver la marinade.

Cuisson
Dans une fosse large mais peu profonde, préparer des braises en quantité.
Embrocher le cuissot.
Ajouter les œufs à la marinade.
Badigeonner régulièrement le cuissot avec la marinade.
Au fur et à mesure de la cuisson découper de fines lamelles de viande et servir.
Accompagner de boulettes de farine de glands enrichies à la graisse de mammouth et fourrées aux fruits, cuites à la braise.

Faire la cuisine

Une fois obtenus saumons, mammouths, aromates et châtaignes.

Une fois enlevés la peau et les viscères.

Une fois le gibier découpé en quartiers.

Une fois les poissons vidés et écaillés, les graminées égrainées, les noix ou les noisettes décortiquées.

Après avoir désossé, épluché, dénoyauté, épépiné…

Vient le moment de cuisiner.

Le cru

Comme rares sont les aliments à consommer tels quels, même crus, il y eut toujours à préparer.

Nos mains suffisent parfois pour éplucher ; nos dents pour dénoyauter ou pour casser les coquilles. Toutefois, même les chimpanzés, nos proches cousins, préfèrent utiliser des pierres plutôt que de s'abîmer les mâchoires sur des coquilles récalcitrantes. Et puis on ne découpe pas un rhinocéros avec l'arme qui l'a tué. On ne pile pas les graines avec un couteau de boucherie. À chaque tâche son outil : des lames pour couper, des tranchets pour désarticuler, des pilons pour écraser. Bruts, les éclats de silex sont naturellement très tranchants. Conçus avec prédétermination pour obtenir des formes et des volumes spécifiques, aux bords savamment retouchés, ils sont encore plus efficaces. Les plus vieilles industries fabriquées par l'homme témoignent de cette diversité et de cette technicité parmi les très nombreux outils en pierre, souvent les seuls conservés.

Et pour répondre à leur régime omnivore, les hommes durent diversifier leur nourriture depuis toujours. Cette particularité les

conduisit sans doute très tôt à accommoder plusieurs ingrédients dont certains indispensables à notre organisme comme le gras et le sel.

Telle quelle, la graisse ne nous semble peut-être pas très appétissante mais, dans ce domaine, il faut se méfier d'a priori liés à notre culture. Les Esquimaux mangent avec gourmandise la graisse de phoque crue. Ils l'utilisent pour de nombreux autres plats, crus ou cuits. Malléable, elle se prête aisément au mélange avec d'autres ingrédients pour enrichir leur valeur nutritive.

Sur les sites du Paléolithique où l'os a été conservé, on remarque souvent des os fracturés qui, selon toute vraisemblance, correspondent à des procédés d'extraction pour la consommation de la moelle osseuse, riche en graisse.

Quant au sel, on peut l'obtenir par évaporation de l'eau de mer ou, comme chez certains Amazoniens, en filtrant des plantes riches en sodium.

Ne pas avoir le feu ne signifie donc pas ne pas préparer la cuisine. Pas plus que ne pas faire la cuisine.

Une nourriture toujours crue nous est difficile à imaginer, car toutes les populations humaines actuelles possèdent le feu. Nous faisons griller notre escalope quand bon nous semble, aussi une alimentation dépourvue de toute cuisson est-elle des plus exotiques. Pourtant, à mieux y regarder, nous ne cuisinons pas que des plats cuits. Salades, « croque au sel », sushi, tartare, carpaccio, autant de mets à déguster crus qui appartiennent à des traditions culinaires aussi éloignées que celles de France, du Japon, des États-Unis d'Amérique ou d'Italie.

On peut aussi cuire sans feu. Posés à même le sol ou sur une dalle en pierre, les aliments peuvent être séchés aux seuls rayons du soleil. Ils pouvaient également être « cuits » par macération dans des marinades acides ou salées. L'acidité de certains fruits ou la salinité de l'eau de mer, par exemple, ont un pouvoir de « cuisson », processus identique à celui qui fait que la salade laissée trop longtemps dans une sauce vinaigrée est « cuite ».

Le cuit

Posséder le feu, c'est savoir le produire à volonté. Les hommes et les femmes de la préhistoire domestiquèrent le feu il y a 400 000 ans. On en connaît alors de nombreuses traces. Non plus des traces éparses, ténues, comme il en existe depuis l'apparition de l'homme, mais des traces répétées, tenaces, structurées. Les foyers sont les plus évidentes.

Petits ou grands, on les distingue surtout par la façon dont ils ont été aménagés. Certains ont été installés dans des cuvettes creusées spécialement, d'autres sont entourés de pierres ou de murets comme à Malta en Sibérie, d'autres encore ont été pavés de galets. Mais même un feu allumé directement sur le sol, sans arrangement, laisse des traces durables. Sous l'effet de la chaleur, la terre

cuit : elle est rubéfiée. À la fouille cela se reconnaît aisément : la terre est plus compacte, plus dure et souvent de couleur brune, noire ou rouge.

Nous ne sommes pas en mesure de décrire avec précision comment ces feux furent allumés. On connaît peu d'outils qui pourraient avoir servi de « briquets ». De nombreuses populations actuelles obtiennent le feu par la friction de deux outils en bois. Du bois, échauffé par le frottement énergique d'un bâton sur une planchette, vont se détacher des escarbilles incandescentes qui embraseront l'étoupe placée au contact de l'herbe sèche, par exemple.

En domestiquant le feu, l'*Homo erectus* s'offrait le luxe de pouvoir fumer la nourriture à sa guise. Suspendus ou déposés sur des claies au-dessus des foyers, les aliments sont desséchés par la chaleur du feu et, imprégnés par la fumée qui s'en dégage, ils seront différemment parfumés – fumés – selon les essences de bois utilisées auxquelles peuvent être ajoutées des aromates, de la même manière que pour le séchage.

Une nouvelle pratique culinaire va apparaître : la cuisson au feu qui peut être appliquée à tous les aliments (viandes, poissons, fruits, légumes, coquillages…). La carbonisation aide à la conservation, mais cuire n'est pas brûler et les reliefs de repas brûlés sont rares. À Saint-Germain-des-Vaux, dans la Manche, des vertèbres de poisson ont été retrouvées brûlées, dans un foyer daté du Paléolithique moyen.

Ces restes d'aliments peuvent également nous renseigner sur les modes de cuisson : griller, rôtir, fumer, bouillir, à la vapeur ou à l'étouffée…

Ainsi, pour que les os aient été brûlés, la viande doit avoir été rôtie ou grillée directement à la flamme ou sur la braise. Mais, enfilés sur des pics, posés sur des claies ou embrochés sur un pieu en bois vert, les aliments cuiront avant leurs supports. Dans plusieurs sites d'Europe de l'Est – à Kostienki et à Mezine – et en Allemagne – à Gönnersdorf –, des os longs de mammouths plantés de part et d'autre de foyers pourraient être les vestiges d'anciennes « broches à rôtir » du Paléolithique supérieur que devait compléter une perche en bois.

Pour bouillir, cuire à la vapeur ou à l'étouffée, une simple fosse creusée dans le sol peut suffire. Tapissée de feuilles, le fond couvert

de pierres préalablement chauffées, remplie d'eau où sont plongés les aliments, puis recouverte d'une peau de branchages ou de feuilles, cela fait une parfaite cocotte. De nombreux exemples ethnographiques attestent de l'ingéniosité humaine dans ce domaine, des Indiens nord-américains jusque chez les Polynésiens.

Des galets posés sur les braises peuvent également avoir servi de plaque chauffante pour cuire viandes et poissons mais aussi petites galettes de graminées sauvages ou petits pains de châtaignes.

Cuite, la chair des viandes, des poissons, des légumes et des fruits est plus tendre, moins grasse. Les saveurs changent. La nourriture se digère mieux. Elle est aussi moins riche. Crus, les aliments gardent toute leur richesse nutritive. Cuits, ils en perdent toujours un peu. Cette innovation ne semble cependant pas avoir entraîné de changements morphologiques chez l'être humain. Et peut-être est-ce pour garder un régime équilibré que notre alimentation se compose toujours de plats cuits et de plats crus. Comme les Esquimaux qui aiment manger crue la chair des phoques et des baleines, et boire chaud, à température du corps, le sang tout juste sorti des artères.

Préférences

Parfois, les restes d'ossements d'animaux retrouvés dans les sites reflètent une consommation préférentielle. Rappelle-toi. Le site de Verberie dans le Bassin parisien nous a inspiré une chasse aux rennes au Paléolithique supérieur. Au Paléolithique inférieur, à Ambrona et Torralba en Espagne, l'*Homo erectus* a surtout tué le mammouth, beaucoup de mammouths.

Pourquoi choisir le mammouth ou le renne plutôt que le bison ou l'aurochs ? Par facilité ? Peut-être. Par gourmandise ? Sans doute. Pour une meilleure réponse aux besoins de la société ? Certainement. Et pas seulement dans le domaine culinaire, car les animaux ne fournissent pas que leur viande ; leur peau, leurs os, leurs tendons, leurs viscères, leurs dents, leurs cornes, leurs sabots, leurs bois, sont autant de matériaux recherchés pour réaliser divers objets, utilitaires (sacs, cuillères, récipients, percuteurs) ou symboliques (parures de dents, sculptures et gravures sur os ou sur bois).

Ce choix peut aussi être le reflet de la saison d'occupation du site et d'une chasse spécialisée à l'occasion, par exemple, de la transhumance des troupeaux. Localement, une espèce peut prédominer, comme les bouquetins dans les montagnes. Et, de fait, toutes les espèces ne sont pas représentées en même temps au même endroit.

Sans doute, le choix des hommes fut influencé par l'offre de la nature, nuancée selon les époques et les régions. La faune cependant ne se compose jamais d'une seule et unique espèce. Rien ne s'opposait donc à ce que soit consommé un peu de cheval pour changer du mammouth ou du bison, pour changer du renne. Aussi est-il probable que ces sélections ne répondent pas exclusivement à des préoccupations matérielles.

FARINE DE GLANDS
(Indiens de Californie)

Des glands, de l'eau, des pierres, une fosse.

Ramasser des glands.
Avec une pierre, faire éclater les glands en tapant dessus.
Les décortiquer à la main.
Piler.
Tamiser.
Déposer la farine dans une fosse.
Verser dessus de l'eau chaude.
Laisser l'eau s'écouler.
Répéter plusieurs fois l'opération.
Retirer la farine.
Étaler la farine au soleil pour la faire sécher.

Des traces peintes

Comme un miroir, les manifestations artistiques connues pour le Paléolithique supérieur – peintures rupestres, bas-reliefs, gravures et sculptures – reflètent le monde animal de l'époque. Les animaux représentés et le rendu plastique des différents styles utilisés témoignent de la parfaite connaissance de l'environnement. Mais, curieusement, les animaux figurés sont rarement ceux auxquels appartiennent les vestiges osseux retrouvés dans les sites d'habitat.

Sur les parois de la grotte de Lascaux, par exemple, ont été peints des bovidés (aurochs, bisons, bouquetins), des équidés (chevaux), des cervidés (cerfs, un renne et peut-être une biche), des félins, une figure humaine et des signes non figuratifs. Au sol, 90 % des ossements d'animaux retrouvés, témoins de l'alimentation des peintres pendant leurs séjours dans la grotte, appartiennent au renne. Or, parmi les dizaines de sujets qui ornent la grotte, répétés plusieurs fois chacun, on ne compte qu'un seul renne !

Ici, le renne fut mangé, il ne fut pas représenté. Motivations spirituelles, religieuses, politiques ? Souvent, les membres d'un clan n'ont pas le droit de consommer la chair de leur totem. En était-il de même au Paléolithique supérieur ? En était-il déjà ainsi au Paléolithique inférieur et moyen ? Peindre sur des écorces ou sur le sable, comme en Océanie ou chez les populations indiennes d'Amérique du Nord, ne laisse aucune trace. L'art peut être éphémère.

Nous connaissons très peu de chose de la vie sociale et culturelle des populations de chasseurs-cueilleurs nomades du Paléolithique. Nous ne connaissons rien de leurs structures politiques. Les relations de parenté, la pensée religieuse ont laissé bien peu de traces, difficiles à interpréter aujourd'hui.

Mais quelle qu'ait pu être la raison, se permettre de choisir les plats de résistance de son alimentation, c'est ne pas être dans le besoin, ne pas être à l'affût de la moindre miette, mais au contraire bénéficier d'une relative abondance. Chasser en quantité à des moments précis de l'année, faire des réserves, c'est ajouter aux offres de la nature et prévoir ses éventuelles déficiences. Utiliser ses connaissances de l'environnement naturel pour mieux en tirer parti, choisir, stocker, c'est édifier ses propres lois, marquer son indépendance. Cuisiner, enfin, c'est transformer un besoin naturel en produit culturel. C'est inventer. Créer.

Cette volonté de distinction de l'homme face à la nature pourrait bien être une autre de ses caractéristiques.

Au fil du temps

Vers 8 000 ans avant notre ère, les hommes vont devenir agriculteurs-éleveurs sédentaires. Domestiquer les plantes et les animaux va provoquer d'importantes modifications sociales, économiques, politiques, et, bien sûr, alimentaires. En produisant lui-même les ingrédients de sa nourriture, l'homme va restreindre ses prélèvements sur l'environnement. Flore et faune sauvages seront moins consommées. De nouvelles espèces seront créées : le blé, les pois, la chèvre, le cochon…

Chasser, pêcher, collecter et cueillir ne cessèrent cependant jamais. Aujourd'hui encore, certains se plaisent à pêcher, d'autres à cueillir des fruits des bois ou à ramasser des champignons. Au goût, un lapin de garenne n'a rien de comparable à celui d'un lapin d'élevage. Et le plaisir de ramasser ajoute à celui de déguster. Si la cuisine du Paléolithique est plus délicate à envisager, l'aventure n'en est que plus croustillante.

Pour t'en donner une idée, j'ai cherché des recettes encore pratiquées aujourd'hui qui pourraient avoir été réalisées au Paléolithique. Ce sont la farine de glands et la mouclade. En m'inspirant des données archéologiques, j'ai laissé libre cours à mon imagination de cuisinière pour le cuissot de mammouth rôti aux fruits rouges et la pâte de prunes aux noix et aux noisettes, que je verrais bien servis à l'occasion d'une grande fête. J'ai adapté les poissons en feuilles des Polynésiens à nos ingrédients d'Occident et choisi un lapin pour illustrer une recette mongole de chèvre farcie. Beaucoup d'autres recettes existent ou peuvent être imaginées qui rendraient compte des possibilités culinaires aux temps paléolithiques. À toi d'en découvrir de nouvelles et aussi d'en inventer. L'imagination est une de ces composantes de la cuisine qui ne laisse pas de traces mais ravit le palais.

L'absence de traces ne signifie donc pas l'absence de l'activité mais sa destruction au cours du temps ou notre incapacité à en reconnaître les vestiges. Là aussi devons-nous être très prudents dans nos interprétations.

Du plus grand au plus petit, du visible à l'invisible, des bribes d'informations peuvent se loger partout. Nous devons être attentifs, précautionneux et perspicaces. De mauvaises observations et toutes nos conclusions en seront faussées. Ainsi, on ne perçoit pas tout à l'œil nu. Il existe des vestiges microscopiques.

PÂTE DE PRUNES AUX NOIX ET AUX NOISETTES

Miel sauvage, prunes, noix, noisettes.
(Attention aux piqûres en allant récolter le miel sauvage.)

Dans une calebasse préalablement trempée dans l'eau, faire fondre le miel.
Ajouter de l'eau, mélanger.
Dénoyauter les prunes.
Ajouter prunes et noyaux séparés.
Laisser chauffer jusqu'à obtenir une pâte onctueuse.
Retirer les noyaux.
Ajouter noix et noisettes pilées.
Mélanger.
Sortir du feu.
Verser la pâte sur une écorce recouverte de feuilles.
Étaler.
Laisser sécher.
Manger froid.
Servir tel quel.
Pour conserver, couper en cubes et envelopper de petites feuilles.

GNIAK

Petit glossaire

Australopithèque
Primate fossile pré-humain vivant en Afrique entre 8 millions et 1 million d'années avant notre ère. De petite taille, ce sont les premiers hominidés connus à marcher debout.

Homo
Terme générique désignant l'homme fossile et actuel dans la classification zoologique.

- *Homo habilis*. C'est le plus ancien homme fossile connu, il apparaît en Afrique vers 2 millions d'années avant notre ère.
- *Homo erectus*. Sans doute issu de l'*Homo habilis* ; le plus ancien connu est daté de 1,5 million d'années en Afrique. Progressivement, cette espèce occupera l'Asie et peut-être l'Europe, pour disparaître vers 300 000 ans avant notre ère.
- *Homo sapiens neandertalensis*. Plus connue sous le nom d'homme de Neandertal, cette espèce apparaît en Europe 300 000 ans avant notre ère pour disparaître vers – 30 000 ans.
- *Homo sapiens sapiens*. Les plus vieux *sapiens sapiens* ont été retrouvés en Afrique et sont datés de plus de 100 000 ans. À l'heure actuelle, tous les hommes sont des *Homo sapiens sapiens*.

Magdalénien
Époque finale du Paléolithique supérieur, entre – 16 000 et – 10 000 ans avant notre ère ; à cette époque, en plus de leurs outils en silex, les hommes façonnèrent de très nombreux outils en os parfois gravés ou sculptés.

Néolithique
Deuxième période de la préhistoire, entre – 8 000 ans et – 2 000 ans ; c'est à cette époque qu'apparaît la domestication par l'homme des plantes et des animaux.

Paléolithique
Première période de la préhistoire, la plus ancienne, subdivisée en trois grandes époques :

- Paléolithique inférieur, entre – 3 millions d'années et – 200 000 ans ;
- Paléolithique moyen, entre – 200 000 ans et – 35 000 ans ;
- Paléolithique supérieur, entre – 35 000 et – 9 500 ans.

Solutréen
Époque du Paléolithique supérieur, entre – 19 000 et – 16 000 ans avant notre ère, caractérisée par la production de pièces en silex très finement retouchées, parmi lesquelles de nombreuses pointes à cran, probables pointes de flèches.

Bibliographie

Les Chasseurs de la préhistoire, éditions Errance, « Les éclats du Passé », Paris, 1994.

La Cuisine préhistorique, éditions Fanlac, Périgueux, 1992.

Le Feu apprivoisé, Musée de préhistoire d'Île-de-France, Nemours, 1987.

Dans la collection
« Petit Point des Connaissances »

C'est quoi l'intelligence ?, Albert Jacquard, ill. de Pronto

Moi, je viens d'où ?, Albert Jacquard, ill. de Pronto

Cris d'Europe, Agnès Rosenstiehl, ill. de Pierre Gay

Les Enfants d'Izieu, Rolande Causse

Les Leçons du nourrisson savant, Jeanne Van Den Brouck, ill. de David Beauchard

Le Nourrisson savant et ses parents, Jeanne Van Den Brouck, ill. de David Beauchard

Le Yaourt mode d'emploi, Pierre Merle, ill. d'Hoviv

C'est quoi l'architecture ?, Michel Ragon, ill. de Desclozeaux

Ils sont fous, ces Berlinois !, Danielle Laquay-Meudal et Monique Maeno, ill. de Jean-Luc Juhel

Jouons avec les lettres, Massin, ill. des « Chats Pelés »

Macro-Micro, je mesure l'univers, Michel Crozon, ill. de Georges Boixader

Pourquoi les guerres ?, Gilles Perrault, ill. de Serge Bloch

Conseils pour les petits dans un monde trop grand, Peter Mayle, ill. d'Arthur Robins

À quoi sert la médecine ?, Jean Bernard, ill. de Serge Bloch

Le Monde des plantes, Jean-Marie Pelt, ill. de Serge Bloch

Vie et mort au désert, Théodore Monod, ill. de Gilles Rapaport

J'habite un poème, Rolande Causse, ill. d'Emmanuel Pierre

E = CM2, Albert Jacquard face aux élèves de cours moyen 2e année, ill. de Dominique Boll

La Planète des langues, Marina Yaguello, ill. de Nestor Salas

Alphabêta, Renée Grimaud, ill. Daniel Maja

Drôles de gammes, Claude Glayman, ill. de Wozniak

Beaux rêves ou cauchemars, Jean Bergeret avec la collaboration de Jacqueline Eschenbrenner, ill. de Manu Boisteau

Je suis amoureux d'une virgule, Rolande Causse, ill. d'Emmanuel Pierre

La Vie secrète du poivre vert, Anne Iatca,
ill. de Catherine Laurent

Collection dirigée par Nicole Vimard

Maquette : Sara Vimard

Réalisation PAO : Le Livre à Venir

Achevé d'imprimer par Aubin Imprimeur
Dépôt légal : octobre 1995 N° 21182 (P 49677)
ISBN : 2-02-021182-3
Loi 49-956 du 16 juillet 1949
sur les publications destinées à la jeunesse.